AUA!

Uli Stein

Viel Spaß beim Kochen

Lappan

Uli Stein, 1946 geboren, ist der erfolgreichste und bekannteste Cartoonist Deutschlands. Nach dem Abi studierte er Pädagogik, entschied sich aber kurz vor dem Staatsexamen gegen eine Beamtenlaufbahn und begann zu fotografieren und zu schreiben.
Seine Nonsens- und Satirentexte bescherten ihm eine eigene Sendung beim Saarländischen Rundfunk, bevor er eher nebenbei entdeckte, dass er die Pointen seiner komischen Einfälle mit dem Zeichenstift schneller auf den Punkt bringen konnte als mit vielen Worten.
So entstanden seine ersten Cartoons, deren Figuren im Laufe der Jahre zu den unverwechselbaren Charakteren wurden, die heute Millionen Menschen kennen und lieben. Seine Cartoons erschienen zuerst in Zeitungen und Zeitschriften, danach in Büchern und auf zahlreichen Produkten. Allein im deutschsprachigen Raum sind mehr als neun Millionen Cartoonbücher von Uli Stein verkauft worden.
Viele der Bücher, die nicht selten in den Bestsellerlisten zu finden sind, sind in andere Sprachen bis hin nach China und Korea übersetzt worden.
Uli Stein lebt und arbeitet in der Nähe von Hannover.

Limitierte Sonderausgabe

Printed in Italy, ISBN 978-3-8303-6120-6
www.lappan.de

Postfach 101969 · D-30840 Langenhagen, Fax: 0511/72616-47, www.catprint.de
www.ulistein.de

UND? WAS SAGT DAS BRATENTHERMOMETER?
DER BRATEN HAT FIEBER!

Das müssen Sie auch haben!

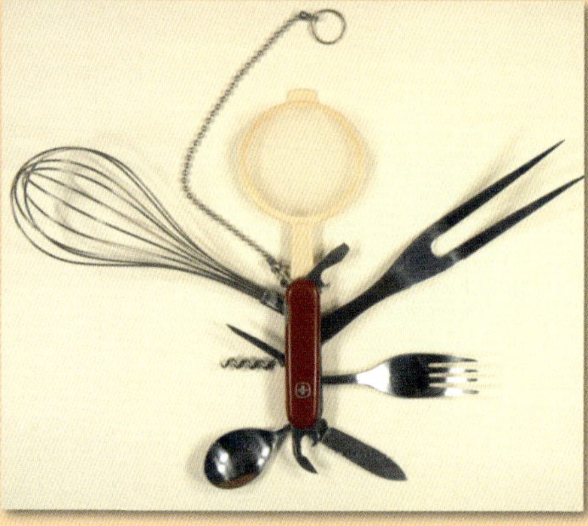

Schweizer Küchenmesser

Maxitoaster
für die große Familie

„OHNE REIS KEIN PREIS."

(Jury bei chinesischem Kochwettbewerb)

Große Erfindungen (Folge 1326):

Das Mampfrad

Übrigens ...

... Pommes frites sind viel schneller gar, wenn man sie vor dem Fritieren ein paar Minuten in siedendes Fett legt!

Bei Copperfields zu Hause

Kochen mit Verstand!

Paprika mit Hackfleischfüllung hat sich in den letzten Jahren in fast allen deutschen Speisekarten einen festen Platz erobern können. Nun ist Paprika nicht jedermanns Sache. Kein Grund, auf dieses beliebte und leckere Gericht zu verzichten!

Entfernen Sie von einer mittelgroßen Paprika den Deckel, und kratzen Sie mit einem Löffel das Innere heraus …

… Anschließend entfernen Sie kurzerhand auch das Äußere, das bisher den Genuss störte …

… Den Rest füllen Sie mit der nach üblichem Rezept hergestellten Hackfleischfüllung …

… Schieben Sie das Ganze in den vorgeheizten Backofen. Nach 20 Minuten ist alles fertig!

DU SOLLTEST DAS BACKBLECH EINFETTEN!
BIN SCHON DABEI!

„SIE SIND WOHL NICHT GANZ RICHTIG IM TOPF!“

(Entrüstete Lehrerin in einem Schmähbrief an die Koch-Hobbythek)

„NA, DA HABEN SIE ABER WIEDER MAL SCHWEIN GEHABT!“

(Metzgermeister zur Klage einer Kundin über ihr fades, wässriges Fleisch)

„ES GIBT VIEL ZU TUN? BACKEN WIRS AN!“

(Werbespruch einer Zwiebelburger Backpulverfirma)

Es geht um die orientalische Würzmischung, die ich gestern bei Ihnen gekauft habe …

Wussten Sie schon...

... dass die meisten Menschen ein ausgewachsenes Hähnchen in Rotwein ohne weiteres akzeptieren, während sie über eine winzige Fliege im Rotwein ein großes Protestgeschrei anstimmen?

... dass in einer Sammlung alter Kochbücher die berühmten Memoiren der Pfanni Hill nicht fehlen sollten?

... dass Ente zu den Quakspeisen gerechnet wird?

... DASS SICH KÖCHE GEWÖHNLICH MIT EINEM FREUNDLICHEN TOPFNICKEN BEGRÜSSEN?

Profi-Tipps:

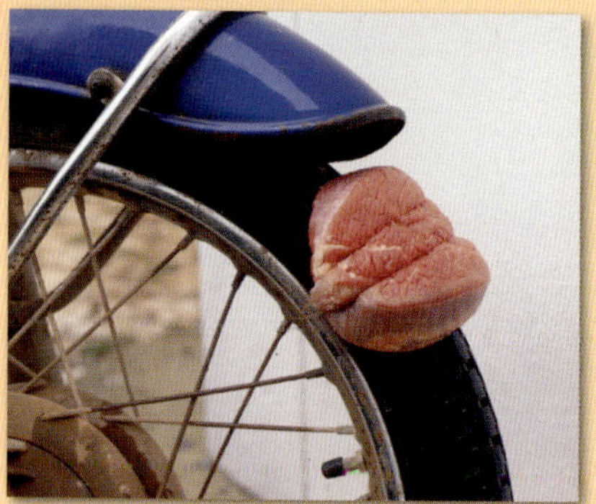

Steak wird besonders mürbe und zart, wenn Sie es auf dem Heimweg vom Fleischer auf den Reifen Ihres Mopeds binden.

Knäckebrot lässt sich problemlos und ohne zu krümeln oder zu zerbrechen in kaloriengenaue Portionen zerteilen, wenn man es vorher für kurze Zeit in heißes Wasser taucht!

Schön gleichmäßig soll das Wiener Schnitzel paniert sein. Für einen perfekten Auftrag benutzt die erfahrene Köchin eine Panierraupe.

Wussten Sie schon ...

... dass ein normales Lammgulasch nicht etwa ein Hammelsurium ist?

Leichtsinnig!

Alkohol am Streuer

Übrigens ...

... Rotwein kippt man nicht mit Schwung herunter! Im Gegenteil: Man führt das Glas behutsam zum Mund und nippt vorsichtig. Wie leicht kann einem sonst der Strohhalm ins Auge piken!

Heißes Wasser ...

... verwendet man doch in der Küche bei jeder Gelegenheit! Die praktische Hausfrau friert es sich auf Vorrat ein. Bei Bedarf braucht es dann nur portionsweise entnommen und erhitzt zu werden. Einfacher gehts wirklich nicht.

ES IST EIN SCHOKOLADENKUCHEN ...
ICH HATTE NUR KEINE
ZEIT MEHR, DIE SCHOKOLADE
ZU RASPELN ...

TÜR ZU!
STEIN

DIE AUGEN TRÄNEN BEIM ZWIEBELSCHNEIDEN NICHT, WENN SIE STATT ZWIEBELN EINE JUNGE KOHLRABIKNOLLE NEHMEN.

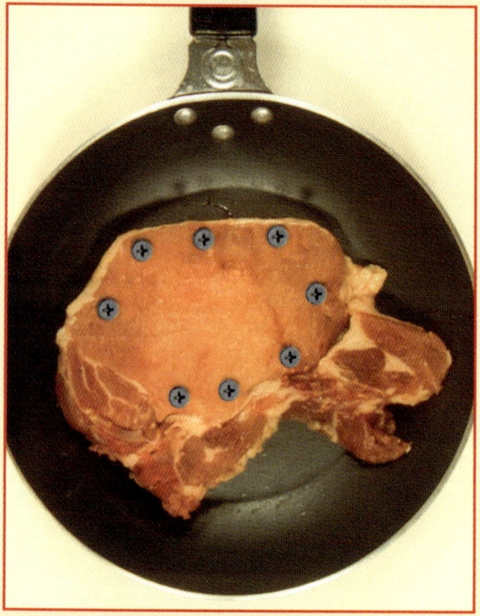

Immer daran denken:

Ihr Kotelett schrumpelt in der Pfanne nicht mehr zusammen, wenn Sie es vor dem Braten am Pfannenboden festschrauben!

Die Kopf-nuss

Zu einem gemeinsamen Müsli bringt Irmchen ein Schürzchen mit 500 Gramm Korinthen von garantiert frei lebenden Korinthern mit, Gerd einen Rucksack mit drei Kilo geraspeltem, ungebleichtem Styropor, Frank eine Fahrradpacktasche mit zwei Pfund Dörrfleisch und Sylvia eine Schubkarre mit einem Zentner Sägemehl aus biologischem Anbau. Wie viel Müsli kriegt jeder, wenn Uwe von nebenan noch einen Liter Mehrbereichsöl beisteuert und jeden dritten Löffel der Hund kriegt, bis er nach dem sechsten Löffel Sylvia beißt und verstört unter den Juteteppich flüchtet?

„NA, WÜRZ BALD?!“

(Koch zu seinem trödelnden Lehrling)

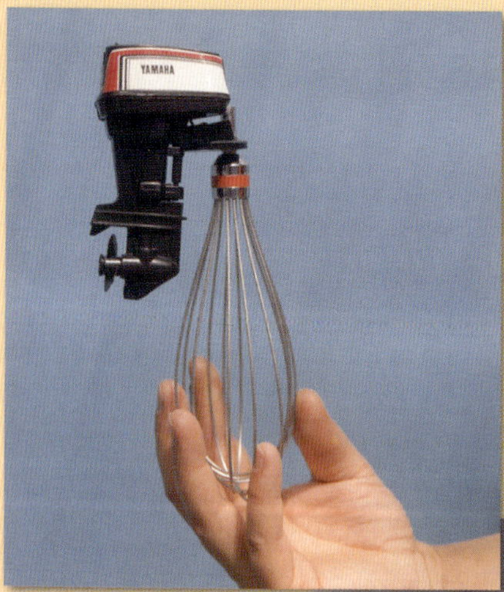

Rührig, rührig!

Soßen, Suppen und anderes wollen ständig umgerührt werden, damit nichts klumpt oder gar ansetzt. Die moderne Hausfrau greift in solchen Fällen zum außenbordbetriebenen Schneebesen!

Einschalten, in den Topf setzen … und unbeirrt zieht der Schneebesen seine Kreise, während die Hausfrau die Hände für andere Dinge frei hat. Im Fachhandel.

KOMMT ENDLICH ZU TISCH, KINDER – DAS ESSEN SCHNEIT EIN!

Wussten Sie schon …

… dass das Wort Eintopf zu den Suppstantiven, knusprig hingegen zu den Bratjektiven gezählt wird?

… dass sich junge Paare oft beim Teiganrühren näherkommen, dann den ersten Guss austauschen und anschließend eine Vermehlung bekanntgeben?

… dass sich in
diesen Tagen in vielen
deutschen Backstuben
wieder rührende
Szenen abspielen?

Für Sie ...

… die morgens pünktlich aus dem Haus müssen, aber beim Frühstück nicht dauernd auf die Uhr schauen wollen, gibt es jetzt den neuen Toaster „Datacross" der Firma Frohwenta, der auf jeder Scheibe Toast die genaue Uhrzeit röstet.

Falls Ihr Toaster mal urplötzlich seinen Geist aufgibt:

Einen halben Teelöffel von diesem oder jenem dazu, heißt es nicht selten in den Rezepten. Wer dabei gern genau arbeitet und sich nicht nur auf eine grobe Schätzung verlassen will, ist gut dran, wenn er dieses Präzisionsmessmodell im Besteckfach hat.

Wenn Sie ...

... mit Ihren Kochkünsten mal richtig angeben wollen, sollten Sie auf Hummer sicher gehen!

... mal irgendwelche Fragen zum Thema Kaviar haben, wenden Sie sich an die nächste Rogenberatungsstelle!

DAS IST DIE STRICK-NADEL-PROBE, UM ZU SEHEN, OB DER KUCHEN FERTIG IST.
AHA ... UND WAS SAGT DIE PROBE?

Auf die Schnelle:

Eine geniale Erfindung für Junggesellen und berufstätige Frauen, die die Zeit zwischen Feierabend und Tagesschau nicht in der Küche verbringen wollen: Schnippelmanns Blitzgericht!
In den Boden jeder Konservendose ist eine kleine elektrische Wärmeplatte mit Stecker eingelassen.

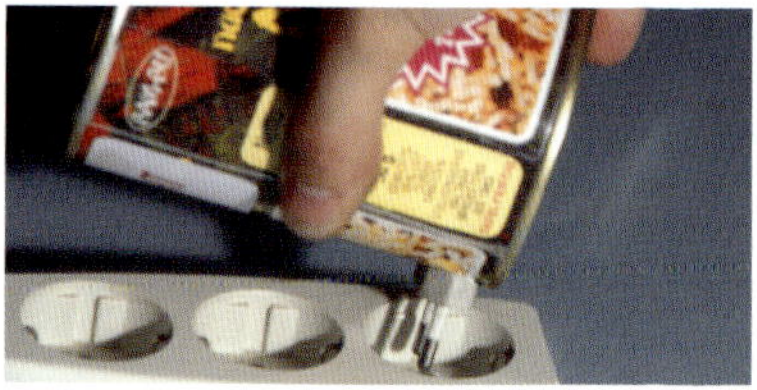

Schließen Sie die Konserve einfach an die Steckdose an, und vier Minuten später haben Sie ihr appetitliches Blitzgericht tellerfertig temperiert vor sich!

Wussten Sie schon ...

... dass ein flambiertes Dessert im Volksmund Fackelpudding heißt?

„PUDDING WILL WEILE HABEN!“

(Konservative Hausfrau zum Thema Instant-Pudding)

„DER TORTEN SIND GENUG GEWECHSELT, LASS UNS JETZT ENDLICH BRATEN SEHEN.“

(Klassisches Zitat)

„BRÜH ÜBT SICH, WAS EIN MEISTER WERDEN WILL“

(Suppenkoch Izmir Tzatzik zu seinem Lehrling)

„HUMMER IST DER BESTE KOCH“

(Alte Küchenregel)

Schmorgurken mussten bislang immer zerschnitten werden, weil sie in keinen Topf passten. Viel schöner ist es natürlich, wenn man sie in einem Stück zubereiten und servieren kann. Wie? Mit einem Gurkenschmortopf!

Wer ist eigentlich …

… der Schutzpatron der Vegetarier?

Ist es Rübezahl?
Kornrat Adenauer?
Oder ist es Liza Vitaminelli?

Alle falsch.
Es ist natürlich Wenke Möhre!

Und? Wie hat es der Hund aufgenommen,
dass er unseren Rohkosttag mitmachen soll?

Einfach genial!

Ein Topf für die Kartoffeln, ein Topf fürs Gulasch – der halbe Herd wurde bisher für eine kleine Mahlzeit in Gang gesetzt! Die Hälfte ihrer Stromkosten können Sie jetzt mühelos sparen: mit Dr. Eckhoffs Zwillings-Kochtöpfen – der bahnbrechenden Neuheit seit der Erfindung des winterfesten Schneebesens. Zwei Kochtöpfe auf einer einzigen Herdplatte – ein Energiespartraum wurde jetzt Wirklichkeit!

BISSCHEN FEST GERATEN,
DIE SOSSE, WIE?

CHEFKOCH MORITZ RÄT ...

Heute:

Blumenkohl wird strahlend weiß, wenn Sie einen ordentlichen Löffel Persil ins Kochwasser geben.

Im nächsten Buch:

Was tun, wenn der Blumenkohl stark nach Seife schmeckt?

Die gute Idee:

Bis in die letzte Ecke wird der Plätzchenteig gleichmäßig ausgerollt, wenn Sie Dr. Königs Winkelnudelholz benutzen!

Aus Dänemark:

Das Mørebrød

SALAT VON RAPUNZEL UND LÖWENZAHN, MAJESTÄT!
MEINEN VORSCHMECKER!

Das könnts sein!

Frauen kennen das: Egal wie viel Mühe man sich gibt, immer ist der Partner am Nörgeln: „Irgendwie hat es bei meiner Mutter immer ganz anders geschmeckt. Irgendwas fehlt …!" Haben Sie mal darüber nachgedacht, dass die vielleicht gar nicht kochen konnte? Achten Sie beim nächsten Einkauf doch mal auf die neuen Knurr-Tütensuppen „Ganz wie bei Muttern …"!

Sie haben mir die Gebrauchsanweisung für meinen neuen Gasherd nicht mitgeliefert, aber ich brauche sie jetzt nicht mehr …

DAS ALLERLETZTE!

Das Abschmecken einer Suppe ist gar kein großes Geheimnis …
… man muss allerdings schon über maggische Kräfte verfügen.

Tiefgefrorener Spinat knirscht nicht mehr zwischen den Zähnen,
wenn Sie ihn vorher auftauen!

VIEL SPASS MIT Uli Stein

Limitierte Jubelausgaben 2007:

ISBN 978-3-8303-6116-9

ISBN 978-3-8303-6119-0

ISBN 978-3-8303-6118-3

ISBN 978-3-8303-6115-2

ISBN 978-3-8303-6117-6

ISBN 978-3-8303-6121-3

ISBN 978-3-8303-6122-0

ISBN 978-3-8303-6123-7

ISBN 978-3-8303-6124-4

www.lappan.de · www.ulistein.de